Haftungsausschluss

In meinem Buch handelt es sich um eine allgemeine Lebensberatung. Ich ziele damit auf gesunde Leser ab, die für ihre Selbstmanagementfähigkeiten Unterstützung suchen, um Veränderungsthemen zufriedenstellend lösen zu können.

Ich bin weder Ärztin, Psychotherapeutin oder Heilpraktikerin. Fall Du, als Leser, unter physischen oder psychischen Gesundheitsproblemen leidest oder Du Dich beim und Bearbeiten dieses Buches schlecht fühlst, empfehle ich Dir unbedingt einen Arzt oder Psychotherapeuten aufzusuchen. Solltest Du Dich bereits in Behandlung befinden, so unterbreche diese nicht eigenmächtig aufgrund der Lektüre. Ebenso darf eine künftige Behandlung nicht aufgeschoben oder ganz unterlassen werden. Alle Schritte und Maßnahmen, die Du im Rahmen dieses Buches durchführst, liegen in Deinem eigenen Verantwortungsbereich.

Impressum

© 2021 Jutta Baur
An der Mergelskaul 35
50226 Frechen

Umschlaggestaltung: Veronika Kühr, St. Georgen

Bibliografische Information der Deutschen Nationalbibliothek:
Die Deutsche Nationalbibliothek verzeichnet diese Publikation in der Deutschen Nationalbibliografie; detaillierte bibliografische Daten sind im Internet über http://dnb.dnb.de abrufbar.

Herstellung und Verlag: BoD – Books on Demand, Norderstedt
ISBN: 9783752639391

Jutta Baur

Behüte dein inneres Kind

Das Fragenbuch zum Ausfüllen für mehr Klarheit

IN JEDEM VON UNS LEBT EIN INNERES KIND

Seltsam – eigentlich sind wir doch erwachsen und stehen mitten im Leben. Wir kennen unseren Platz. Dennoch reicht manchmal ein kleiner Anlass – ein Lied, ein Gegenstand, vielleicht nur ein Geruch – und wir werden in die Zeit zurückversetzt, als wir Kinder waren. Unsere Lebendigkeit von damals ist noch immer in uns.

Nicht nur unser Andenken an Begebenheiten, sondern auch unsere Gefühle bewahren wir ein Leben lang. Sie sind ein elementarer Teil unserer Persönlichkeit. Sie sind unser inneres Kind. Das kleine „Ich" – zart, emotional, der unschuldige, offene Teil von uns, der unsere ursprünglichen Bedürfnisse noch immer in sich trägt. Er wünscht sich, dass wir unserem wahren Potential und unserem Lebenszweck entsprechen.

Genau wie andere Dinge unserer Vergangenheit verschwindet dieser Teil nicht dadurch, dass wir älter werden. Unser inneres Kind mit seinen natürlichen Gefühlen, seiner Freude, Neugier und seiner Sensibilität, aber auch mit seiner Schutzbedürftigkeit, seiner Furcht, Wut, seinen Selbstzweifeln steckt nach wie vor in uns. Uns fehlt nur häufig der direkte Zugriff darauf.

Immer dann, wenn ein Schlüssel der Erinnerung in unser Gedächtnis passt, erschließt er ein Stück unserer Geschichte und holt es mit allen sinnlichen Reizen hervor. Dann fühlen wir uns frei, beim Klang einer Melodie, haben den Wunsch vor uns hinzutanzen. Wir spüren den Sommer bei einem bestimmten Duft, die Ferien, den wärmenden Sonnenschein, langes draußen bleiben oder auch die zähe Langeweile beim Blick aus dem verregneten Fenster. Nicht alle sind positiv. Das ist völlig klar. Der Dunst von Alkohol kann das betrunkene Elternteil zurückbringen. Darum sind diese Momente manchmal auch mit Schmerz oder Einsamkeit behaftet. Beispiele gäbe es sicher eine Menge.

In diesem Buch soll es jedoch nicht um die Aufarbeitung früherer Erlebnisse gehen. Vielmehr ist es jetzt an der Zeit, sich um das zu kümmern, was wir unmittelbar – was wir heute – brauchen. Es geht nicht darum, mit dem Finger auf jemanden zu zeigen oder irgendwem die Schuld zu geben. Der Weg ist der, herauszubekommen, wie wir uns wieder direkt mit unserem inneren Kind verbinden können.

Um gesunde Erwachsene zu sein, sollten wir darum lernen, alle Aspekte unseres Selbst zu akzeptieren und zu lieben. Das ist gar nicht so einfach, weil wir oft nicht genau wissen, was uns ausmacht. Was jedes innere Selbst braucht, ist spezifisch für Dich und Deine persönliche Reise. Es ist an der Zeit diese Bedürfnisse genau zu bestimmen und sie zu erfüllen. Sobald Du feststellst, was Dein inneres Kind will und braucht, kannst Du Dich vorwärtsbewegen. Du kannst Deinem Inneren Kind die Erlaubnis geben, gesehen zu werden. Das stärkt Dich in Deinem alltäglichen Leben. Verwundbarkeit macht weniger Angst. Du fühlst Dich seltener reaktiv, sondern stehst zu dem, was Du willst. Auch Dein „Ja" und Dein „Nein" bekommen eine höhere Qualität, weil sie Deine innere Überzeugung berücksichtigen. Am wichtigsten ist, dass Du mehr Freiheit von der Vergangenheit spürst, weil Du erkennst, dass Du die Kraft hast, Dir selbst das zu geben, was Du Dir in Deiner Kindheit gewünscht hättest.

Du wirst feststellen, dass Du derjenige bist, auf den Du gewartet hast, und dass es nie zu spät ist, Deinem inneren Kind die Aufmerksamkeit zu schenken, die es aus tiefstem Herzen braucht.

SO FUNKTIONIERT ES

Dieses Buch ist in zwölf Abschnitte unterteilt. Jeder steht für eine Woche und in jedem davon findest Du sieben Doppelseiten mit Fragen.

Ich rate Dir an einem Montag zu beginnen. Abends ist die dabei günstigste Zeit, weil Dir dann noch Dein Tag gegenwärtig ist. Du hast einen besseren Zugriff auf seine Geschehnisse und kannst sie leichter einschätzen. Jeder Tag beginnt mit der gleichen Frage nach Deinem inneren Kind. Sie wiederholt sich, um Dich jedes Mal von neuem auf das Thema zu fokussieren.

Die zweite Frage geht dann weiter in die Tiefe. Sie bezieht sich ebenfalls auf den vergangenen Tag. Möglicherweise findest Du erst nach einigem Nachdenken eine Antwort. Bitte gib' Dir die Zeit dazu. Die Fragen einer Woche stehen in keinem bestimmten Kontext zueinander. Es wird also nicht das Thema „Beziehung, Zufriedenheit, Selbstbild etc." jeweils wochenweise bearbeitet. Das soll helfen, nicht in eine Art Tunnelblick zu geraten. Du hast auf diese Weise die Möglichkeit, Dinge von verschiedenen Standpunkten aus zu betrachten. Ganz wichtig: Keine Fragen wiederholen sich.

Der letzte Tag steht jeweils für Grundsätzliches. Lies' Dir die beiden Fragen durch und lege das Buch zur Seite. Lasse das Gefragte in Dir wirken. Wenn Du das Gefühl hast, das Richtige gefunden zu haben, dann schreibe es auf.

Nach dem kompletten Fragenteil kannst Du Dir die Essenz Deiner Antworten und was sie für Dich bedeuten, notieren. Damit steht Dir offen, in welchen Bereichen Du weiterarbeiten möchtest oder noch besser, was Dich schon jetzt glücklich und zufrieden macht.

1. Woche

ERSTER TAG

Wo hast Du heute Dein inneres Kind gespürt?

War es heute schwer „Du-selbst" zu sein? Wenn ja, warum?

ZWEITER TAG

Wo hast Du heute Dein inneres Kind gespürt?

Welche positive Überschrift gibst Du diesem Tag?

DRITTER TAG

Wo hast Du heute Dein inneres Kind gespürt?

Wer war heute nett zu Dir?

VIERTER TAG
Wo hast Du heute Dein inneres Kind gespürt?

Gibt es heute etwas, das Du bereust?

FÜNFTER TAG

Wo hast Du heute Dein inneres Kind gespürt?

Wem konntest Du heute verzeihen?

SECHSTER TAG

Wo hast Du heute Dein inneres Kind gespürt?

Was willst Du morgen ganz genauso machen wie heute?

SIEBTER TAG

Woran kannst Du in der kommenden Woche arbeiten, was für Deine Zukunft mit Deinem inneren Kind wertvoll ist?

Was siehst Du vor Deinem geistigen Auge, wenn Du an Dein inneres Kind denkst?

2. Woche

ERSTER TAG
Wo hast Du heute Dein inneres Kind gespürt?

Bei welcher Person hattest Du heute die Gewissheit, dass sie Dich so akzeptiert, wie Du bist?

ZWEITER TAG
Wo hast Du heute Dein inneres Kind gespürt?

Worauf hättest Du heute auf keinen Fall verzichten wollen?

DRITTER TAG

Wo hast Du heute Dein inneres Kind gespürt?

An welcher Stelle warst Du heute zu kritisch mit Dir selbst?

VIERTER TAG

Wo hast Du heute Dein inneres Kind gespürt?

Hast Du Dir heute Gedanken darüber gemacht, was andere von Dir halten?

FÜNFTER TAG

Wo hast Du heute Dein inneres Kind gespürt?

Bei welcher Gelegenheit hast Du Dich heute richtig lebendig gefühlt?

SECHSTER TAG

Wo hast Du heute Dein inneres Kind gespürt?

Was verbraucht am meisten psychische Energie in Deinem Leben? Warum?

SIEBTER TAG

Hast Du das Gefühl, Dein Verhalten spiegelt wider, wer Du wirklich bist?

Sind Dir in der vergangenen Woche Glaubensmuster aufgefallen, die nicht richtig sind?

3. Woche

ERSTER TAG
Wo hast Du heute Dein inneres Kind gespürt?

Was hat Dich heute an Deine Kindheit erinnert?

ZWEITER TAG

Wo hast Du heute Dein inneres Kind gespürt?

Was hat heute am Ehesten einem idealen Tag für Dich entsprochen?

DRITTER TAG
Wo hast Du heute Dein inneres Kind gespürt?

Was war das größte „kleine" Ding, das Du heute machen konntest?

VIERTER TAG

Wo hast Du heute Dein inneres Kind gespürt?

Woran würde man Dich erkennen, wenn Du in einer Gruppe von Menschen stehen würdest?

FÜNFTER TAG

Wo hast Du heute Dein inneres Kind gespürt?

Wofür hast Du heute Verantwortung übernommen?

SECHSTER TAG
Wo hast Du heute Dein inneres Kind gespürt?

Wie könnte Dein Motto für den morgigen Tag lauten?

SIEBTER TAG

Denke an einen besonders schönen Moment in der vergangenen Woche. Was hat ihn möglich gemacht? Welchen Einfluss hattest Du selbst darauf?

In welchen Bereichen Deines Lebens vermisst Du Dein inneres Kind?

4. Woche

ERSTER TAG

Wo hast Du heute Dein inneres Kind gespürt?

Hast Du heute etwas zum ersten Mal gemacht?

ZWEITER TAG
Wo hast Du heute Dein inneres Kind gespürt?

Was hast Du heute erlebt, von dem Du mehr möchtest?

DRITTER TAG

Wo hast Du heute Dein inneres Kind gespürt?

Was hat Dich heute angenehm überrascht?

VIERTER TAG

Wo hast Du heute Dein inneres Kind gespürt?

Wovon hat Dich heute Deine Angst falsch zu sein oder zu versagen abgehalten?

FÜNFTER TAG
Wo hast Du heute Dein inneres Kind gespürt?

Was konntest Du heute genießen?

SECHSTER TAG
Wo hast Du heute Dein inneres Kind gespürt?

Was war Dir heute wichtig?

SIEBTER TAG
Was, glaubst Du, wird in sechs Monaten für Dich von Bedeutung sein?

Welche Deiner aktuellen Gewohnheiten fördern den Kontakt zu Deinem inneren Kind am meisten? Welche am wenigsten?

5. Woche

ERSTER TAG

Wo hast Du heute Dein inneres Kind gespürt?

Bei welcher Gelegenheit hast Du Dich heute authentisch gefühlt?

ZWEITER TAG

Wo hast Du heute Dein inneres Kind gespürt?

Wer war heute besonders freundlich zu Dir?

DRITTER TAG
Wo hast Du heute Dein inneres Kind gespürt?

Wofür bist Du heute dankbar?

VIERTER TAG
Wo hast Du heute Dein inneres Kind gespürt?

Was konntest Du heute für Dein Innerstes lernen?

FÜNFTER TAG

Wo hast Du heute Dein inneres Kind gespürt?

Wo konntest Du heute einen falschen Glaubenssatz identifizieren?

SECHSTER TAG

Wo hast Du heute Dein inneres Kind gespürt?

Welches waren Deine Entspannungsmomente dieses Tages? Warum haben sie Dir gutgetan?

SIEBTER TAG

Wie kannst Du die Art mit Dir selbst zu sprechen verändern?

Was kannst Du konkret ab jetzt tun, um Dein inneres Kind wieder in Dein Leben zu holen?

6. Woche

ERSTER TAG

Wo hast Du heute Dein inneres Kind gespürt?

Was hat Dir heute geholfen, um über den Tag zu kommen?

ZWEITER TAG

Wo hast Du heute Dein inneres Kind gespürt?

Wie hast Du Dich heute Morgen beim Aufwachen gefühlt?

DRITTER TAG

Wo hast Du heute Dein inneres Kind gespürt?

Wie könntest Du Dein inneres Kind belohnen?

VIERTER TAG

Wo hast Du heute Dein inneres Kind gespürt?

Welchen Rat würdest Du Deinem inneren Kind heute geben?

FÜNFTER TAG

Wo hast Du heute Dein inneres Kind gespürt?

Wie fühlt es sich für Dich an, wenn Du an Dein inneres Kind denkst?

SECHSTER TAG

Wo hast Du heute Dein inneres Kind gespürt?

Warst Du heute mit Dir selbst mitfühlend und woran hast Du das gespürt?

SIEBTER TAG

Was würdest Du Deinem 7-jährigen Ich über die vergangene Woche sagen?

Womit verbringst Du am meisten Zeit und Energie? Wie wichtig sind Dir diese Tätigkeiten?

7. Woche

ERSTER TAG

Wo hast Du heute Dein inneres Kind gespürt?

Was hat Dich heute an Deine Kindheit erinnert?

ZWEITER TAG

Wo hast Du heute Dein inneres Kind gespürt?

Was wäre das Beste, das Du für Dich und Dein inneres Kind tun könntest?

DRITTER TAG

Wo hast Du heute Dein inneres Kind gespürt?

Hast Du Dich an einem Punkt dieses Tages von einer Anforderung zurück-
gezogen?

VIERTER TAG

Wo hast Du heute Dein inneres Kind gespürt?

Wer in Deinem Umfeld hatte heute einen besonders positiven Einfluss auf Dich?

FÜNFTER TAG

Wo hast Du heute Dein inneres Kind gespürt?

Welche Gedanken kommen Dir als erstes in den Kopf, wenn Du an Dein inneres Kind denkst?

SECHSTER TAG

Wo hast Du heute Dein inneres Kind gespürt?

Welche Erinnerung an den heutigen Tag möchtest Du mit in die Zukunft tragen?

SIEBTER TAG

Welche Dinge, die Dir so richtig Spaß gemacht haben und die keine Pflichten waren, gab es in der vergangenen Woche?

Welche Deiner Fähigkeiten helfen Dir, engen Kontakt zu Deinem inneren Kind aufzubauen?

8. Woche

ERSTER TAG

Wo hast Du heute Dein inneres Kind gespürt?

Bei welcher Gelegenheit hast Du heute auf Dein Inneres gehört und zu Dir selbst gestanden?

ZWEITER TAG

Wo hast Du heute Dein inneres Kind gespürt?

Wobei hast Du Dich heute stark gefühlt?

DRITTER TAG

Wo hast Du heute Dein inneres Kind gespürt?

Wann hast Du Deinem inneren Kind heute gezeigt, dass Du es liebst?

VIERTER TAG

Wo hast Du heute Dein inneres Kind gespürt?

Wie unterscheidet sich Dein „Ich", das sich nach außen zeigt, von Deinem inneren, privatem „Ich"?

FÜNFTER TAG

Wo hast Du heute Dein inneres Kind gespürt?

Womit hast Du Dich heute selbst überrascht?

SECHSTER TAG

Wo hast Du heute Dein inneres Kind gespürt?

Was hat Dich heute zum Lächeln gebracht?

SIEBTER TAG

Wenn Du König wärst, was würde Dein inneres Kind für Dein Leben bestimmen?

Woran konkret könntest Du feststellen, dass Du eine liebevolle Beziehung zu Deinem inneren Kind hast?

9. Woche

ERSTER TAG

Wo hast Du heute Dein inneres Kind gespürt?

Worauf kannst Du heute so richtig stolz sein?

ZWEITER TAG

Wo hast Du heute Dein inneres Kind gespürt?

Welche Pflicht hat Dir heute dennoch richtig Freude gemacht?

DRITTER TAG

Wo hast Du heute Dein inneres Kind gespürt?

Welche Personen stehen Deinem Herzen am nächsten?

VIERTER TAG

Wo hast Du heute Dein inneres Kind gespürt?

Wenn Du an diesen Tag zurückdenkst, welche der positiven Eigenschaften, die Du schon als Kind hattest, konntest Du heute nutzen?

FÜNFTER TAG
Wo hast Du heute Dein inneres Kind gespürt?

Welchen Tipp möchtest Du Dir für morgen geben?

SECHSTER TAG
Wo hast Du heute Dein inneres Kind gespürt?

Wann hat Dir Dein inneres Kind heute gezeigt, dass es Dich liebt?

SIEBTER TAG

Wie wäre Dein Leben mit einer engen Verbindung zu Deinem inneren Kind?

Gibt es Bereiche in Deiner Partnerschaft oder in Freundschaften, in denen Du das Gefühl hast, Dein inneres Kind zu verraten?

10. Woche

ERSTER TAG

Wo hast Du heute Dein inneres Kind gespürt?

Was ist Dir heute gut gelungen?

ZWEITER TAG
Wo hast Du heute Dein inneres Kind gespürt?

Wo glaubst Du, könntest Du morgen mehr auf Dein inneres Kind hören?

DRITTER TAG
Wo hast Du heute Dein inneres Kind gespürt?

Welches Thema war heute für Dich wichtig?

VIERTER TAG
Wo hast Du heute Dein inneres Kind gespürt?

Was würdest Du tun, wenn Du wüstest, dass Du nicht scheitern kannst?

FÜNFTER TAG

Wo hast Du heute Dein inneres Kind gespürt?

Wie fühlt sich Dein inneres Kind heute?

SECHSTER TAG
Wo hast Du heute Dein inneres Kind gespürt?

Was hat Dir heute Freude gemacht?

SIEBTER TAG

Womit verbringst Du am meisten Zeit und Energie? Wie wichtig sind Dir diese Tätigkeiten?

Macht es Dich manchmal traurig, wenn Du an Kinder denkst? Wenn ja, was und warum?

11. Woche

ERSTER TAG

Wo hast Du heute Dein inneres Kind gespürt?

Wer hat Dir heute richtig gutgetan?

ZWEITER TAG

Wo hast Du heute Dein inneres Kind gespürt?

Was soll in Deinem Leben so bleiben wie es ist. Was ist gut daran?

DRITTER TAG
Wo hast Du heute Dein inneres Kind gespürt?

Was möchtest Du Deinem inneren Kind über den heutigen Tag sagen?

VIERTER TAG
Wo hast Du heute Dein inneres Kind gespürt?

Wenn eine Deiner gefühlten Schwächen auch eine Stärke wäre, welche wäre das?

FÜNFTER TAG

Wo hast Du heute Dein inneres Kind gespürt?

Was denkst Du, wäre ein guter erster Schritt um Dich Deinem inneren Kind näher zu fühlen?

SECHSTER TAG

Wo hast Du heute Dein inneres Kind gespürt?

Welche Werte vertrittst Du, die wirklich Deine eigenen sind?

SIEBTER TAG

Wessen Erwartungen hast Du in der vergangenen Woche versucht zu erfüllen? Deine oder die von anderen? Welche waren das?

Wenn Du Deine Augen schließt und lächelst, was kommt Dir dann in den Sinn?

12. Woche

ERSTER TAG

Wo hast Du heute Dein inneres Kind gespürt?

Hast Du heute eine klare und bewusste Entscheidung getroffen?

ZWEITER TAG

Wo hast Du heute Dein inneres Kind gespürt?

Wieviel Zeit hast Du Dir heute für die Dinge genommen, die Dir wirklich am Herzen liegen? Welche waren es?

DRITTER TAG

Wo hast Du heute Dein inneres Kind gespürt?

Fühlst Du Dich oft wütend oder verletzt? Wann?

VIERTER TAG

Wo hast Du heute Dein inneres Kind gespürt?

Hattest Du heute das Gefühl, Deiner Intuition vertraut zu haben? Wenn ja, in welcher Situation?

FÜNFTER TAG

Wo hast Du heute Dein inneres Kind gespürt?

An welcher Stelle ist Dir heute die Schönheit des Lebens begegnet?

SECHSTER TAG

Wo hast Du heute Dein inneres Kind gespürt?

Was geschieht als nächstes, damit Du Dich Deinem inneren Kind verbundener fühlst?

SIEBTER TAG

Wenn Du in die Rolle Deines inneren Kindes schlüpfen würdest, was glaubst Du fehlt ihm an „seinem" Erwachsenen?

Wird Dein inneres Kind unsicher, wenn Dein Gegenüber wütend oder ungerecht wird? Fühlt es sich verantwortlich für das Befinden von anderen?

Sicher hast Du bemerkt, dass einige der Fragen, eher weniger relevant für Dich sind, während andere genau Dein Thema getroffen haben. Darum ist es sinnvoll, ein ganz persönliches Fazit zu ziehen und das Wesentliche für die Verbindung zu Deinem inneren Kind noch einmal auf den Punkt zu bringen. Schließlich ist es das, was Dir Klarheit darüber bringt, was jetzt ist und was zukünftig sein könnte.

Und genau dort kannst Du ansetzen. Denn das gehört zur Erkenntnis dieses Buches: Du findest heraus, wo Deine Bedürfnisse, Deine Wünsche, Deine Sehnsucht, aber auch Deine Verletzungen liegen.

Damit hast Du es in der Hand, daran weiter zu arbeiten – Dich zu stärken und die fürsorgliche Verantwortung für Dein zukünftiges Leben zu übernehmen.

Was ist Dir besonders aufgefallen bei der Beantwortung der Fragen?

Was hat Dich positiv oder negativ berührt?

Welche Fähigkeit, Kontakt zu Deinem inneren Kind entstehen zu lassen, findest Du jetzt schon gut?

Was genau könnte Dein zukünftiges Thema für die Verbindung mit Deinem inneren Kind sein?

Was soll unbedingt so bleiben, wie es ist?

Jutta Baur

Kennst Du Zeitmanagementsysteme? Hast Du schon einmal mit To-Do-Listen gearbeitet? Wenn Du trotzdem unter zu viel Stress leidest, solltest Du Dir Deinen inneren Antreiber genauer anschauen. Möglicherweise hast Du bisher die Symptome Deiner Belastung bekämpft und dabei die Ursachen außer Acht gelassen.

Dieser Ratgeber hilft Dir, Dich besser zu verstehen. Er zeigt Dir neben praktischen Entspannungsübungen aus verschiedenen Bereichen, wie Du Dich mit Deinem inneren Antreiber verbünden kannst, um ihn zu Deinem Komplizen zu machen.

Mit leicht verständlichen Tipps und Aktivitäten begleitet Dich dieses Buch auf einem ganzheitlichen Weg zu einem gesunden Umgang mit Stress.

ISBN 9783744822640

Social media

Website: www.behuete-dein-inneres-kind.de

Instagram: https://www.instagram.com/juttabaur

Facebook: @behuetedeininnereskind